Der Dichter und das Wort

Wolfgang Brenneisen

hat Bücher geschrieben und Ausstellungen gemacht.
Weitere Informationen unter:
https://de.wikipedia.org/wiki/Wolfgang_Brenneisen

Wolfgang Brenneisen

Der Dichter und das Wort

edition imme

© 2025 Wolfgang Brenneisen
Verlag: BoD · Books on Demand GmbH,
In de Tarpen 42, 22848 Norderstedt, bod@bod.de
Druck: Libri Plureos GmbH, Friedensallee 273,
22763 Hamburg
ISBN: 978-3-7693-9968-4

Inhalt

Inhalt

Der Dichter und das Wort

Wenn unsereiner so einen dicken schöngeistigen Roman oder einen schmalen, eleganten Lyrikband in der Hand hält, kann schon der Wunsch aufsteigen: So gut wie der allerseits anerkannte und bewunderte Dichter möchte ich es auch haben! Morgens spät aufstehen, entspannt frühstücken mit Kaffee, Croissant und frisch gepresstem Orangensaft und dann munter zwanzig oder zwei Seiten runterschreiben. Nun kommt der Briefträger und bringt die neuesten Honorarmitteilungen des Verlags, die ausnahmslos positiv sind und einen mit neuer Schaffenskraft erfüllen. So stellt der Laie sich das vor.

Die Wirklichkeit jedoch ist ganz anders. Einmal hatte ich Gelegenheit, Authentisches aus berufenem Mund zu hören. Der Dichter Peter Härtling, weiß Gott kein Nobody (obwohl sein Stern jetzt etwas zu verblassen scheint), hatte im Sitzungssaal des Rathauses eine Lesung aus seinem neuesten Roman bestritten. Die Veranstaltung war gut besucht, die Damen waren beim Friseur gewesen, es wurde artig, wenn auch nicht frenetisch geklatscht, der Dichter hatte einige Bücher zu signieren – alles in allem war es ein gediegenes kulturelles Event gewesen, von dem die Anwesenden sicher noch lange zehren und erzählen würden.

Hinterher gab es den gemütlichen Teil in der Stadtwirtschaft, wo sich die Crème de la crème der Stadt um den Dichter scharte. Wieso ausgerechnet ich zugelassen wurde, ist mir heute noch ein Rätsel. Ich hatte einmal bei ähnlicher Gelegenheit die Aktentasche eines arrivierten Dichters tragen dürfen und galt vielleicht deswegen als Kultursachverständiger. Wie dem auch sei, ich war dabei und mehr noch, es begab sich, dass ich direkt neben Peter Härtling zu sitzen kam. Er bestellte einen Zwiebelrostbraten mit Spätzle und gemischtem Salat, dazu ein Viertele Trollinger mit Lemberger und verzehrte alles mit gutem Appetit. Das machte mir den Dichter gleich menschlich und sympathisch, nachdem er mir vorher bei der Lesung eher ins Geistig-Übermenschliche entrückt schien.

Wir warteten auf den Nachtisch. Da packte ich die Gelegenheit beim Schopf und stellte eine Frage. Die allererste Frage, die bei solchen Begegnungen immer gestellt wird, ist: Können Sie vom Schreiben leben? Da es aber Härtling offensichtlich gut ging, wollte ich keine offenen Türen einrennen, zumal Fragen nach dem Finanziellen oft naseweis und ungehörig wirken. Ich fragte also: Herr Härtling, wie machen Sie das? In Ihren Romanen flutschen die Worte nur so über die Seiten, mit einer Eleganz, die uns Leser immer aufs Neue verblüfft.

Peter Härtlings Gesicht, das sich nach dem Genuss des Zwiebelrostbratens sanft und zufrieden gerötet hatte, wurde mit einem Schlag ernst. Die Worte!, stieß er hervor. Und dann führte er aus, wie ihm die Worte keineswegs wie gebratene Tauben zuflögen. Jede Seite sei in einem beharrlichen Kampf abgerungen. Die Worte würden sein Arbeitszimmer erfüllen. Im Laufe der Wochen und Monate, die beim Verfassen eines Romans ins Land gingen, habe er das Gefühl, die Worte hätten sich in die Wände geklammert, er fühle sich von ihnen eingeschlossen, fast schon wie in einem Gefängnis. Einen Ausweg gebe es erst, wenn das letzte Wort geschrieben und die mühselige Arbeit endlich beendigt sei. Manchmal wünsche er sich, ein einfacher Mensch zu sein, den die Worte nicht belästigen würden. Und dabei sah er mir tief in die Augen.

Der Nachtisch kam, und die Konversation wandte sich wieder einfacheren Gegenständen zu, wie dem gesellschaftlich-politischem Auftrag des Dichters in unserer Zeit. Mir hatte es die Sprache verschlagen. Dass sich selbst der begnadete Dichter so mühen musste! Ging es nur Peter Härtling so, und hatten es die anderen Dichter leichter?

Ich beschloss, mich in der Dichterzunft umzuhören und den Poeten auf den Zahn zu fühlen. Was soll ich sagen? Jedes Mal, wenn ich auf das „Wort" zu sprechen kam, wurden die Mienen ernst. Zwar gäbe es zuweilen auch ausgelassene, ja frivole Momente beim Umgang mit dem Wort, aber summa summarum sei das Dichten bei Gott kein Honigschlecken, das können Sie mir glauben!

Mit dieser bedrückenden Einsicht hätte ich es genug sein lassen können, aber dann erkannte ich es als meine Mission, eine breite Leserschaft, die Romane und Verse einfach nur konsumiert, über Blut, Schweiß und Tränen des authentischen Dichtens aufzuklären. Hier ist also eine erste Dokumentation der schauerlichen Abgründe, die sich beim Dichten auftun…

WORT

Der Berg

Der Dichter ging zum Berg –
ein Riese und kein Zwerg!
Der Berg erbebte vor Graus –
und heraus
kam des Dichters Maus…

Missglücktes Manöver

Das Wort war äußerst verstockt
und hat im Winkel gehockt.
Der Dichter tat es locken
mit müffligen Socken –
hat alles damit verbockt!

SINN
SINN
SINN
SINN
SINN
SINN
SINN
SINN
WORT

Hat sich gelohnt

Der Dichter lud Sinn, tiefen Sinn
auf das schmächtige Wort –
es schleppte sich fort
und brachte dem Dichter Gewinn.

Locus amoenus

Der Dichter (allein) und das Wort,
die trieben zusammen Sport,
mit hängender Zunge
und pumpender Lunge
an einem poetischen Ort.

D
W

Tragische Verfehlung

Das Wort kam an wie ein Löwe,
der Dichter wie eine Möwe –
sie konnten einander nicht finden:
Das Wort war vorne, er hinten…

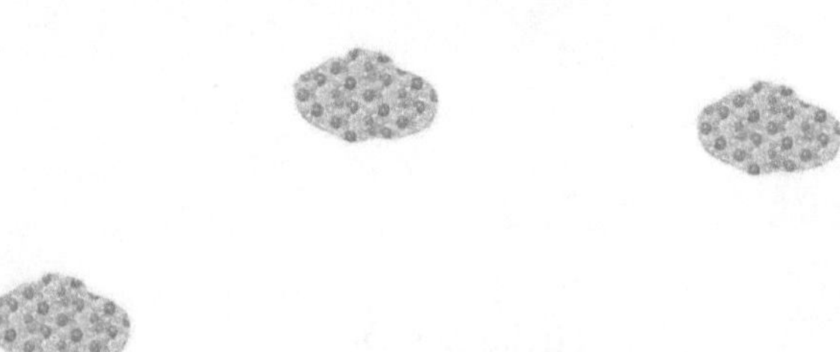
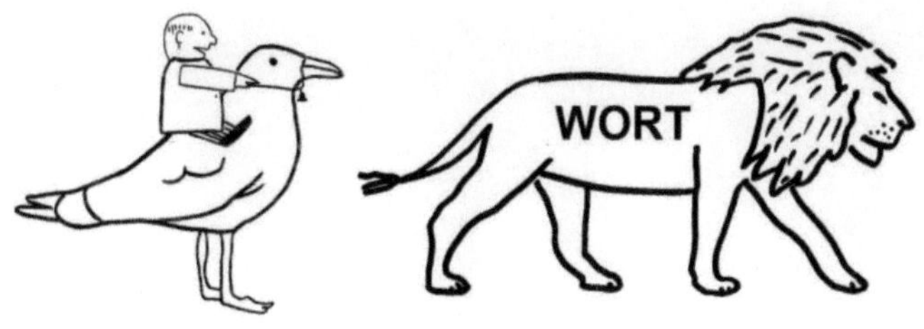
WORT

Die Tücke des Objekts

Das Wort wie ein Fisch
glitt von des Dichters Tisch
und zappelte unten
auf dem Teppich, dem bunten…

WORT

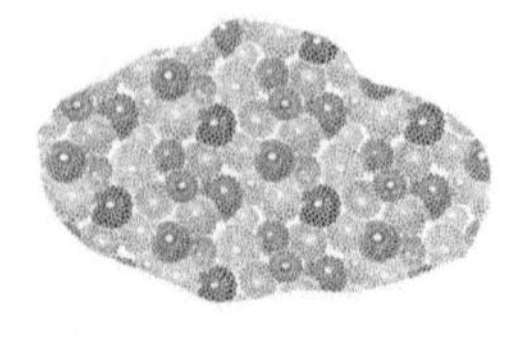
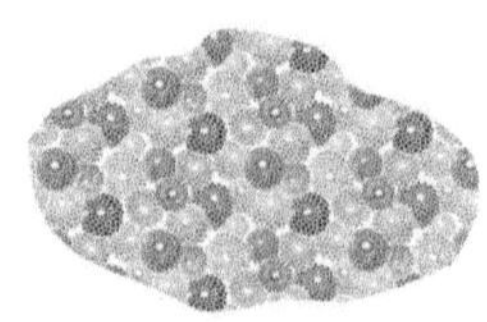
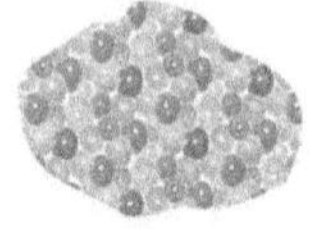

So gut wie unzertrennlich

Sie gingen durch dick und durch dünn,
der Dichter, das Wort und der Sinn.
Blieb einer stecken
(um dann zu verrecken),
so hieß es: Na ja, der ist hin…

Günter Grass
1927 - 2015

Wie ein Berserker

Der Grass, der Günter, der Grass,
der handelte äußerst krass:
Er schmiss behend
das Wort an die Wänd' –
das Wort wurde leichenblass…

#1
JWG
Johann Wolfgang Goethe
1749 - 1832

In ausgelassener Stimmung

Der Dichter auf seinen Arm
nahm das Wort und hielt es dort warm.
Das Wort schrie juchhe!
Das war im Café -
die Szene war nicht ohne Charme…

Voll daneben

Der Dichter ging auf die Pirsch
und suchte ein Wort namens Hirsch.
Aber ach doch herrje!
Er traf nur ein Reh
und fluchte: „Ja leck mich am Irsch!“

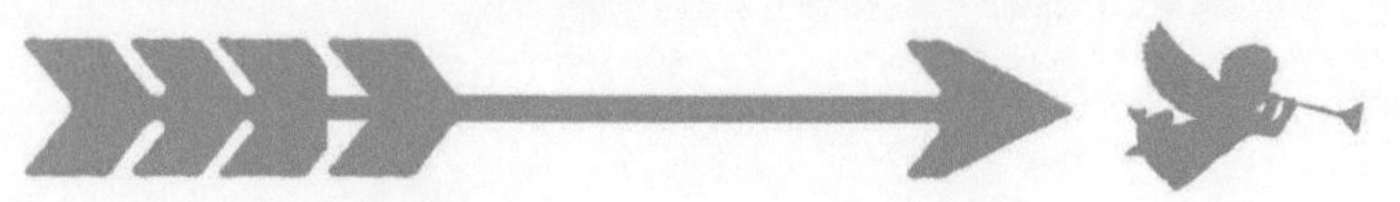

D

W

Poetischer Lockdown

An manchen Tagen
da war es ein Plagen –
das Wort blieb stumm.
Der Dichter nannte es dumm –
doch das Wort sagte: Humm…
Es war zum Verzagen!

WORT

Entschlossenes Dichten

Herr Walser in Überlingen
begann mit dem Worte zu ringen.
Das Wort schrie: „Nein!
Lass das bloß sein!"
Doch der Martin, der konnte es zwingen.

Martin Walser

WORT

W

Die Krise

Das Wort setzte an zu dräuen -
der Dichter begann sich zu scheuen,
ihm fiel alles aus,
es war ein Graus!
Schon wollt' er sein Dichten bereuen…

Versumpfen

Der Dichter (sein Kopf und sein Rumpf)
versank mit dem Wort halb im Sumpf.
Sie dichteten weiter,
mal ernst und mal heiter,
doch war es im Ganzen recht dumpf.

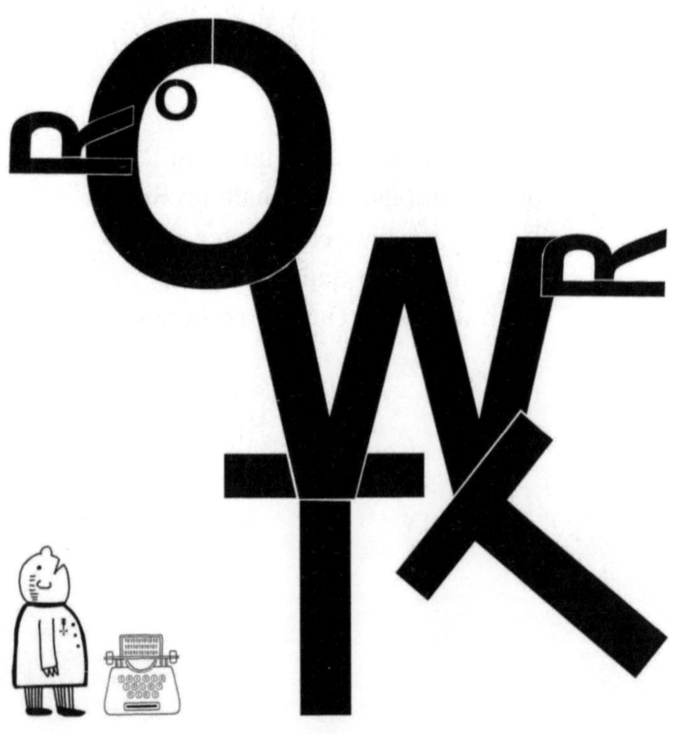

R
O
O
W
R
W
T
X

Des Dichters Frust

Es ragte das Wort in den Himmel.
Da half kein Salz und kein Kümmel,
kein Beten und kein Gebimmel,
es kam nix raus –
also kein Applaus…

In die Schranken verwiesen

Das Wort kam an wie ein Büffel –
und kriegte gleich einen Rüffel
vom Dichter h.c.:
„Owe! Owe!
Ein Büffel ist mir keine Trüffel!"

Das Duell

Der Dichter und das Wort
spielten Schach.
Das Wort wurde schwach,
und der Dichter sagte glatt:
Schach - matt!

Schachmatt!
Scheiße!

Der Tiefpunkt

Des Dichters Wort war hin –
da gab es für ihn keinen Sinn.
Das war ein Tag rabenschwarz,
es brach ihm schier gar das Harz…

TROM

WORT

Kein Pardon!

Der Thomas, der B., Österreich,
der klopfte das Wort windelweich.
Das Wort schrie: „Au!"
Der Thomas: „Du Sau!"
Da wurde das Wort geisterbleich…

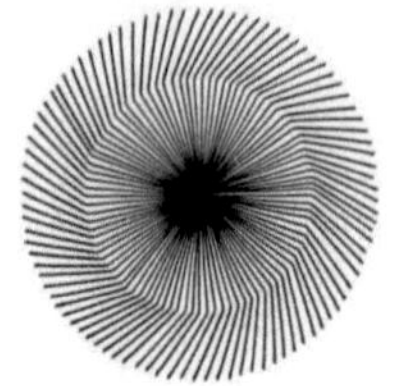

WORT

Der Schönheitswettbewerb

Das Wort und der Dichter
hatten schöne Gesichter.
Doch muss man verkünden,
dass das Wort von hinten
war schöner und wahrer und lichter…

ALFR·
NOBEL

D

W

Nicht jeder kann alles!

Die Tochter des Dichters
und der Sohn des Wirtes
gingen die Ehe ein -
mit Dichterwortsegen!
Das war verwegen
und ei der Daus!
Kam nix dabei raus…

Der Kampf

Sie kamen zum Kampfe
mit großem Gestampfe:
der Dichter und das Wort –
aber am Ende,
da kam die Wende,
am Ende da war es - Mord!

PLATZ!
W
O
R
T

Brotlose Kunst

Ein forscher Dichter in Bingen,
der ließ das Wort munter springen.
Erst sprang es recht nett,
fast wie im Ballett,
doch wollte nichts Rechtes gelingen.

Dichterische Raserei

Die Worte fielen wie Regen –
das war ein herrlicher Segen!
Er dichtete rasend wie toll
und schrieb ein Büchelchen voll…

WORT

Informelles Treffen

Der Dichter und das Wort
haben sich getroffen.
Sie haben zusammen gesoffen –
den Wermut, den Whisky, den Port…

edition imme

Wolfgang Brenneisen
17 Premium Haiku
Books on Demand, Norderstedt
ISBN 9783769310757

Ein Lyriker packt aus.
Ansichten, Einsichten, Bekenntnisse
Books on Demand, Norderstedt
ISBN 9783759777669

Wolfgang Brenneisen
Das geheime Leben der Dichter
Wie sie fühlen. Wie sie ticken.
Books on Demand, Norderstedt
ISBN 9783837024159

Wolfgang Brenneisen
Sei einfach, einfach du selbst!
15 Gedichte
Books on Demand, Norderstedt
ISBN 9783750492684